El Actor

Cuando el Telón Cayo'

Poemas

Basada en una historia real

Karina Cuestas

Lo que Mi Alma Escribió

Prólogo

"Escribí para No Romperme"

Este no es solo un libro de poemas,

es mi voz después del silencio.

Es mi forma de gritar lo que callé mientras amaba con todo.

Escribí mi historia de amor en versos, mientras mi alma
temblaba,

mientras mis noches eran largas, y mis días, vacíos.

Mientras trataba de entender por qué el amor, a veces, parece un castigo.

Aquí no hay mentiras,
solo está la verdad desnuda de una mujer que amó,
que dio todo lo mejor de ella,
que creyó, que el amor real todavía existía.

Que confío,
que fue fiel,
sincera,
honesta,
que perdió,
que lloró,
que casi su luz apaga,
pero que decidió sobrevivir escribiendo.

Son versos para acompañar a quien, como yo, alguna vez creyó
en un amor que no supo amar de vuelta.

Si tú también estás sanando,

si tú también has sentido que diste todo y no fue suficiente,

este libro es para ti.

Porque no estás sola.

Porque llorar no es debilidad.

Y porque volver a empezar es un acto de valor.

Aquí empieza mi verdad,

aquí empieza mi historia.

No son cuentos de hadas,

es mi realidad.

No temas si duele,

si te ves reflejada.

Porque cada poema,

fue una herida cerrada.

Si alguna vez amaste,

y te rompieron el corazón.

Te vas a ver reflejada,

en esta historia de amor.

No lo leas con los ojos,

léelo con el pecho abierto.

Porque en cada línea esta un pedazo de mi alma,

hecho poema con sentimiento.

Y si al final te preguntas,

si todo esto fue real.

Yo te respondo bajito:

aquí empieza mi verdad.

Cuando te Conocí en Línea

Cuando te conocí en línea,

me encantó tu forma de ser.

Quedé hipnotizada con tu sonrisa,

imposible! no ceder.

Recuerdo que mis ojos brillaban con alegría,

al hablar contigo, todo era paz y armonía.

Sonabas tan bonito, como un sueño al principio,

tuve una conexión contigo, más allá del juicio.

Un momento tan puro,

que guardo en mi corazón.

Un encuentro único,

lleno de emoción.

Me conquistaste con insistencia,

con tus canciones de amor y tus dulces promesas.

Creí haber encontrado al hombre que siempre había soñado,

el que por tanto tiempo le pedía a Dios, que lo trajera a mi lado.

Decías que me amabas con pasión verdadera,

me pedisteis una vida, sincera y duradera.

Yo, emocionada, respondí que sí con ilusión,

porque era lo que yo buscaba desde mi corazón.

Un hombre sincero, que me amara de verdad,

que quisiera conmigo una relación de amor real.

Ya estaba cansada de hombres vacíos,

de falsos te quiero, de besos fríos.

De hombres que llegan con malas acciones,

que solo buscan romper corazones.

Pero aun así , quise yo volver a confiar,

que el amor sincero podría encontrar.

Y que tal vez sin miedo y sin temor,

eras tu' el hombre que tanto yo esperaba,

mi amor.

Tiempos de Covid

Te conocí en tiempos de encierro y temor,

cuando el Covid cerró fronteras y nos separó.

No podía ir a verte, aunque lo quisiera,

soñando que algún día abrieran las fronteras.

Recuerdo que al hablar contigo por WhatsApp,

soñaba con entrar por la cámara y estar allá.

Tocar tu rostro, sentir tu abrigo,

ese era mi sueño dorado, poder estar contigo.

Ocho meses pasaron, llenos de ansiedad,
hasta que por fin! Abrieron las fronteras, yo ya podía viajar.
Lo primero que hice fue comprar un boleto de avión,
para abrazarte y por fin conocerte mi amor.

Cuando te vi por primera vez en persona, no lo podía creer,
agradecí a Dios por dejar mi sueño suceder.
Te di un fuerte abrazo y lloré de mucha emoción,
porque por fin estaba con mi gran amor.

Mi corazón latía lleno de alegría,
contigo cumplí mi dulce poesía.
Compartir cada instante, un sueño cumplido,
¡por fin! Nuestro amor era un sueño vivido.

Recuerdo que en Costa da Caparica en Portugal,
fue nuestro primer encuentro tan especial.
Un instante tan mágico y lleno de emoción,
lo llevo guardado dentro de mi corazón.

Mis ojos brillaban con luz de ilusión,

y el mar me encantaba con su perfección.

Caminamos descalzos, sin prisa y sin miedo,

dejando en la arena, el rastro de un sueno.

Después me llevaste a conocer la ciudad,

!que lugar tan hermoso! Mágico en verdad.

Descubrí Lisboa, de luz vestida,

con callejuelas llenas de vida.

Sus tranvías dorados, su viejo rincón,

disfrute cada minuto, ciudad de amor.

Y en cada paso, tu risa y mi andar,

hicieron mi viaje un sueno sin par.

Setúbal brillante y mar de encanto,

me mostraste tu mundo, sin prisa, y sin llanto.

Me presentaste a tus buenos amigos,

y pasamos momentos, tan bellos y tan vivos.

Entre invitaciones para comer y cantar,

y reuniones donde empezabas a tocar.

La guitarra sonaba con dulce emoción,

y cada acorde latía mi corazón.

Conocí la hermosura de Portugal,

la cultura, sus sabores, algo sin igual.

Recuerdo sus calles antiguas sagradas,

!Y las comidas tan bien recordadas!

El choco frito, me encanto,

pero el pastel de bacalao...

!eso si que me conquisto!

Propuesta de Matrimonio

Recuerdo aquel día en la montaña,

en Nazare' Portugal frente al mar.

Me propusiste matrimonio,

fue un momento sin igual.

Comenzaste a tocar la guitarra

con dulces acordes y tierna mirada.

Me cantaste esta dulce canción,

casate conmigo !dime que si, mi amor!

Todo fue mágico y hermoso,

como siempre lo soné.

Fui tan feliz, no lo podía creer,

cuando en mi dedo vi el anillo brillar con placer.

Daba gracias a Dios,

por este sueño cumplido.

Al tener a mi lado,

el hombre que yo siempre había querido.

En ese momento, todo era perfecto,

mi corazón se llenó, mi mundo completo.

Esperando pasar contigo una vida entera,

un amor sincero, y que nunca te fueras.

K1 Visa

Continué viajando, solo para verte,
era la única forma, ya que tu no podías venir a verme.
No era por falta de voluntad,
si no porque tu no tenias visa, esa era la verdad.

Cada encuentro entre los dos era mágico y ardiente,
un fuego encendido que vivía no solo en nuestra mente.
Nuestras aventuras nos llevaban a viajar sin cesar,
cruzando países, sin límites y sin parar.

Sometí los papeles de la K1 visa y cuide cada paso,

soñando contigo, sin miedo al fracaso.

Lo hice por amor, sin dudar un segundo,

deseando que estuvieras conmigo y empezar una vida juntos.

Soñaba contigo que pudieras venir,

a los Estados Unidos y juntos vivir.

Un nuevo comienzo, un mismo destino,

tome cada paso con fe en el camino.

Los años pasaban y yo esperando el momento,

en que la visa te aprobaran y estar contentos.

Con ansias guardaba la esperanza en mi pecho,

soñando el momento de un nuevo comienzo.

Esos momentos juntos nos unían aún más,

y en cada destino, la felicidad nos abrazaba en paz.

Tu amor y el mío eran el mapa a seguir,

un viaje eterno que jamás podría concluir.

Entre Fronteras

Recuerdo cuando viajábamos entre fronteras,
fue una locura hermosa de primavera.
Explorábamos tierras lejanas,
llenos de alegría y gratitud cercana.

En Barcelona, el alma se me encendía,
la gente reía, bailaba con alegría.
Recuerdo que bailé salsa sin prisa,
con el corazón suelto, y con una sonrisa.

La carne asada mas deliciosa,

quedaron grabados en mi paladar.

La paella mas rica que e comido en mi vida,

definitivamente tengo que volver allá.

La ciudad vibraba con alma y color,

y yo me sentía abrazada por su calor.

Entramos tomados de la mano en la catedral,

y oramos por nuestra unión matrimonial.

En Inglaterra, nos llevó la emoción,

al bar de los Beatles y su canción.

Las calles nos hablaron de historia y verdad,

y visitamos a mi familia con felicidad.

Recuerdo aquel día, frente al mar,

el viento nos quiso acompañar.

Con mi familia y su bendición,

sellamos con un candado nuestro amor.

Un candado grabado con pasión,

nuestros nombres unidos en union.

En el puerto de Liverpool brillo,

como un sueño que nuestra alma abrazo.

Las llaves volaron al ancho mar,

promesa eterna de no olvidar.

Aquí quedo nuestro juramento fiel,

bajo el cielo y su azul pincel.

Italia nos abrió sus puertas doradas,

con arte, ruinas y calles encantadas.

El Coliseo, el Panteón y Roma entera,

fue una experiencia hermosa llena de memorias buenas.

Probé el gelato más dulce del planeta,

y la pasta sin gluten, fiesta secreta.

Nunca en la vida comí tan feliz,

sabores que aún viven dentro de mí.

En Grecia, Atenas mostró su poder,
con templos antiguos difíciles de creer.
La historia se respiraba en cada esquina,
y su cultura fue como medicina.

Pero fue Santorini quien me hizo temblar,
con un atardecer que me hizo llorar.
Pintura viva entre mar y volcán,
yo era parte del cuadro, sin ningún plan.

Desde un barco pirata, en alta mar,
nos tiramos juntos al océano sin pensar.
Fue una travesía llena de aventura y espectacular,
algo que jamas pensé hacer, ya que no sabia nadar,

Caminamos el volcán como si nada,
una aventura que el alma no olvida, ni acaba.
La vista del volcán a la caldera,
fue espectacular que vista tan bella.

En Suiza, entre trenes y gente callada,

una muda nos guió de forma inesperada.

La belleza de sus lagos, su inmensidad,

fue como entrar a otra realidad.

Y Portugal, con ciudades mil,

nos llevó por caminos sutiles y feliz.

Cada calle era un poema en movimiento,

cada noche, un recuerdo, un sentimiento.

Fuimos dos soñadores de alma viajera,

sin mapa ni ruta, solo primavera.

Viajar contigo fue verdad y fue ternura,

un regalo divino, una historia pura.

Estoy agradecida, lo digo en verdad,

a Dios, por darme esta oportunidad.

Viajar contigo, cruzar el planeta,

fue más que un sueño, fue una gran meta.

Fue lo mejor que me pudo pasar,

un regalo del cielo, difícil de igualar.

Encontrarnos así, sin previo aviso,

y vivir este amor que fue puro hechizo.

Votos Simbólicos

Aún no estábamos casados en papel ni en ley,

pero en mi alma ya eras mi rey.

Hablamos de unirnos ante Dios,

aunque fuera simbólico, solo por amor.

En la Sagrada Familia de Barcelona entramos,

y frente al altar de la mano nos tomamos.

Yo cerré mis ojos y comencé a orar,

pidiéndole a Dios que bendijera nuestro union eternal.

Dije mis votos con el alma, con fe verdadera,

creyendo en un amor que todo lo espera.

Era nuestro momento, sin juez ni papel,

solo tú, yo y Dios de testigo fiel.

Dije mis votos desde el corazón,

soñando contigo una unión de bendición.

Hable con amor, con sinceridad,

deseando un futuro con fe y verdad.

Pero cuando llegó tu turno de hablar,

no sentí verdad en tu forma de expresar.

Tus palabras sonaban como repetición,

sin alma, sin fuego y sin convicción.

Mientras yo oraba con toda ilusión,

tu solo actuabas si emoción.

Tus palabras fueron vacías, sin calor,

no fluían del alma, ni del corazón.

Luego en Inglaterra, quise repetir,

nuestros votos de amor, volver a sentir.

Compre un candado con ilusión sincera,

grave nuestros nombres, creyendo en la espera.

En el puente de Liverpool lo fuimos a sellar,

y la llave juntos echamos al mar.

Frente a mi familia y ante el creador,

te hable con el alma, con todo mi amor.

Te dije mis votos con fe y ternura,

sonando contigo una vida segura.

No veía la hora de ser tu esposa,

y por fin estar juntos mi amor preciosa.

Pero al llegar tu turno, tembló tu voz al hablar,

no sabias que decir, no lo pudiste ocultar.

Tu acto fue frio, sin fuerza, sin pasión,

como un actor perdido en su propia función.

Lo sentí, pero no puse atención,

preferí creer en su declaración.

Calle mi intuición por miedo a perder,

y aposté por un amor que quise con el corazón, creer.

La Boda y el Arcoíris

Por fin llegó el día

en que debía viajar.

Para poder ir a verte

y la boda realizar.

Tras un vuelo largo y cansado,

al otro día llegué a Portugal.

Y esa misma noche, dichosa y radiante,

viví mi boda tan especial.

Mi querida prima fue al aeropuerto a esperarme,

llena de emoción, con ganas de ayudarme.

Pues sería mi dama de honor en mi gran día,

y celebrar juntas con amor y alegría.

Mi prometido también me esperaba con gran anhelo,

porque era nuestro día, era nuestro sueño.

Me recibió con alegría y mucha emoción,

por fin yo estaba en Portugal mi amor.

Llegamos a su casa, después de un largo viaje,

no me quedo tiempo de descansar.

El se fue a arreglar lo de la boda,

y los zapatos de la boda yo tenía que comprar.

Mi prima estuvo conmigo en mi día apreciado,

ayudándome en lo que necesitara estando a mi lado.

Mientras me alistaba con gran emoción,

sentí su ternura, sus ganas de ayudarme con amor.

En la peluquería, un mal rato pasé,

pues la peluquera sin gracia ni ley,

hizo mis uñas y arregló mi pelo,

sin el más mínimo toque de anhelo.

Con palabras frías, con gestos hirientes,

me hizo sentir que no era suficiente.

Y al final, con desdén y sin compasión,

me retuvo las flores sin explicación.

Yo tenia que irme, pues ya era tarde;

para la boda, no podía esperar mas.

Le pedia las flores, que era mi ramo,

y ella me dijo, tranquila vete que yo te lo armo.

Mi valiente prima, sin titubear,

corrió bajo la lluvia, sin dudar.

Volvió al salón con gran decisión,

pidiendo las flores con justa razón.

"Es tarde ya, no puedo esperar,

mi prima se casa, debemos marchar."

Rogó con firmeza y dulce clamor,

pues la boda empezaba, era la hora del amor.

Tenía mi vestido listo,

mis zapatos a la par.

Esperando aquel momento

para llegar al altar.

Llevaba una bata blanca,

con "Novia" escrito atrás,

un detalle tan perfecto,

que mi historia sellará.

Mi prima con gran cariño

las fotos quiso tomar,

en el balcón, bajo el cielo,

viendo Portugal brillar.

Las casitas tan hermosas,
como un cuadro sin igual,
parecían susurrarme:
"Hoy tu sueño es realidad".

Me vestí con gran anhelo,
mi ilusión se hizo verdad.
Y con el alma encendida,
esperé mi caminar.

El carro llegó radiante,
como el sol en su esplendor.
Me llevaba hacia el destino,
hacia un gran y eterno amor.

Al fin nos marchamos, sin tiempo que perder,
el chofer nos miró, listo para correr.
Subimos al auto llenas de alegría,
pues pronto iniciaba mi gran travesía.

Pero el cielo oscuro se tornó gris,

y la lluvia intensa comenzó a rugir.

Con fe en mi pecho me puse a orar,

pidiendo a Dios que me hiciera llegar.

Y entonces, de pronto, la tormenta cesó,

el cielo nublado de luz se llenó.

El sol radiante besó el cristal,

pintando colores en forma celestial.

Al llegar al mar, la brisa cantó,

y un arcoíris glorioso brilló.

Cada detalle, Dios lo ordenó,

con su perfecta mano, todo cuadró.

Cuando sonó Te Regalo; mi canción,

mi corazón latió con pasión.

Di mi primer paso, firme y sincero,

mientras me esperaba mi amor verdadero.

Bajo el cielo azul y el mar de testigo,
cada paso acercaba mi dulce destino.
Un sueño cumplido, un momento ideal,
sellando por siempre un amor sin final.

Estaba tan feliz, mi anhelado momento llegó,
por fin era tu esposa, mi sueño se cumplió.
Todo parecía un mágico destino,
un amor eterno que trazó nuestro camino.

Mi familia y mis amigos, desde lejos con amor,
miraban aquel día, compartiendo mi emoción.
Felices por mi dicha, por mi nueva realidad,
celebraban a la distancia, con cariño de verdad.

Los amigos presentes nos felicitaron,
con risas y abrazos nos celebraron.
Entre fotos y alegría en la playa dorada,
cada instante quedó en mi alma grabada.

Agradecida por cada persona que nos acompañó,

por los que estuvieron, ya sea en cuerpo o en corazón.

En este día tan especial, el amor se compartió,

y en cada gesto, nuestra felicidad brilló.

Una imagen quedó en mi mente pintada,

el arcoíris brillando en la tarde amada.

El mar reflejando su azul resplandor,

testigo perfecto de nuestro amor.

Luna De Miel

Nuestra luna de miel comenzó en Italia,
un viaje soñado, lleno de magia.
Pasamos en Roma una semana entera,
entre arte e historia, la vista era bella.

Disfrutamos la pasta, un manjar divino,
y el mejor gelato, dulce y fino.
Cada rincón nos hizo soñar,
un amor eterno, junto al mar.

El destino final nos llevó a Grecia,

un sueño que anhelábamos por mucho tiempo.

Dios nos dio la oportunidad de ir,

y celebrar nuestra luna de miel hay.

Atenas con ruinas nos hizo viajar,

a un tiempo antiguo, digno de admirar.

Santorini nos recibió con su encanto,

nuestro sueño cumplido en cada tanto.

Recuerdo que nos quedamos en un hotel frente a la caldera,

con vista al mar, la escena más bella.

La puesta de sol mas hermosa que he visto

todo era mágico, todo estaba listo.

Allí, mirando desde la caldera de Santorini,

el cielo, el volcán y el mar infinito.

Nos amamos con deseo, pasión y lealtad,

como si no existiera nadie más, sólo nuestra verdad.

Solo el suspiro sagrado de tu y yo,
en un brazo eterno donde el mundo se torno.
En un suspiro suave un dulce latido,
porque el amor era lo único permitido.

La brisa llevaba gemidos al mar profundo,
y tus manos creaban un nuevo segundo.
Fuimos fuego, marea, volcán encendido,
un instante divino, eterno, y no prohibido.

Recuerdos tan hermosos no podré olvidar,
como cuando caminos en el volcán frente al mar.
La caldera brillaba en un cielo encendido,
un instante perfecto, jamás perdido.

Tantos recuerdos lindos, llenos de alegría,
junto a ti, mi amor, cada día fue magia y pura poesía.
Momentos divertidos, de risa y emoción,
fueron regalos de Dios desde el corazón.

Recuerdo cada día, al salir a ver el atardecer,

el más bello que he visto en mi vida, en Santorini, debía ser.

Mirando al sol, nos abrazamos,

y en el silencio del resplandor nos quedamos.

!El día Esperado!

Me tocó viajar de vuelta a los Estados Unidos
a esperarte, esposo mío.
Soñaba con el día de verte llegar,
pensando que nunca más nos íbamos a separar.

Recibiste tu visa en Francia, ¡qué emoción!,
el día esperado finalmente llegó.
Tras tres años y medio de anhelado desvelo,
por fin, a mi lado llegó el milagro del cielo.

Llegó la noche tan anhelada,

en que yo esperaba tu llegada.

Cuando te vi bajando del bus, no lo podía creer que estabas ya aquí,

Bienvenido a los Estados Unidos de América

Te dije al fin.

Nuestro amor cruzó fronteras,

y al fin te tuve junto a mí.

Te miré con amor, con emoción en el alma,

mi corazón latía fuerte, lleno de calma.

Te lleve a mi casa, con tanta emoción,

para poder mostrarte mi castillo de amor.

Conociste mi castillo, familia y amigos,

y todos estaban felices de verme

feliz contigo.

Te abrí las puertas de mi corazón,

y también las de mi mundo entero mi amor.

Confiando en tu amor, en cada te quiero,

que era puro y sincero.

El Cambio

Algo empezó a cambiar de repente,

lo vi con claridad, era tan evidente.

Ya no eras el mismo al llegar a mi mundo

algo pasaba en absoluto.

Algo ocultabas lo podía sentir,

mi sexto sentido me lo hacía advertir.

Te notaba frío, callado y distante,

y al preguntarte que te pasaba,

me evadías al instante.

"No pasa nada, solías decir,

pero en tu rostro veía mentir.

Tu amor de antes se fue desvaneciendo,

dejando en mi alma, un triste presentimiento.

Si empezaste a cambiar,

y lo vi con claridad.

Un día sin pensar, tome tu celular,

quería enviarme una foto, sin sospechar.

Pero al mirar, encontré algo que me hizo dudar,

un perfil que no pude ignorar.

Otra mujer, mi nombre llevaba,

era de Tinder la tenia marcada.

Al seguir revisando, la duda creció,

una lista de mujeres ante mi apareció.

En redes con todas solía hablar,

mientras juraba solo a mi, amar.

Fue duro saber que no me respetabas,

las lágrimas brotaron, pues no me lo esperaba.

No podía creer tanta insensatez,

éramos esposos, mi amor, no lo ves?

Salí a caminar y lloraba sin cesar,
la duda me consumía que camino tomar?

Casarme de nuevo para legalizar su estancia

o simplemente soltar?

El dependía de mi,

pues con la visa k1 lo traje aquí.

Y mi corazón no sabia que hacer al fin,

seguir con la relación,

o soltarlo y dejarlo ir?

Tu me dijisteis que eliminarías la lista de mujeres de tu celular,

pero algo me decía que había algo más.

Aunque ya nos habíamos casado en Portugal,

la boda aquí en los Estados Unidos era esencial.

Y entre lágrimas le dije al fin:
para mí, el respeto no tiene fin.
Si amabas tu vida de soltero,
sea libre, sin mi amor verdadero.

Mejor quédate solo sin mentir,
pues no me case' para sufrir.
Yo di todo por este amor sincero,
mas solo jugaste con falso esmero.

El, con calma, intento responder;
"tranquila, lo borrare', lo haré desaparecer."
Y con el alma rota, decidí creer,
empezar de cero, volví a ceder.

Sin leer mensajes, sin mirar atrás,
dándole otra oportunidad más.
Creí en su promesa, pensé que cambiaria,
pero mi alma ya no se olvidaría.

Un Nuevo Si

Una semana después, sin dudar,

de nuevo en la iglesia nos fuimos a casar.

Tal como lo soñé, un día especial,

con flores y velas, y un amor sin igual.

Mis amigos decoraron con gran emoción,

prepararon el salón con toda ilusión.

Cada detalle con amor crearon,

y con su esfuerzo, logré mi sueño anhelado.

El gran día llego, tanto lo espere,

al fin en el altar, de nuevo acepté.

Con el alma en vuelo, llena de emoción,

mis ojos lloraban de tanta ilusión.

Frente a mi amor, volví a decir si,

sellando un destino, que ardía en mi.

Con ojos cerrados me deje llevar,

pues mi corazón solo sabe amar.

!Sorpresa No Grata!

Después de la boda, todo cambió,

una sombra extraña nos alcanzó.

La comida envenenó la ocasión,

y al hospital fuimos todos fuimos

sin elección.

Días enteros enferma quede,

sin fuerzas, con ganas de renacer.

Eran más de treinta personas en aquella ocasión,

luchando con fuerza contra una infección.

Cuando al fin logré mejorar,

mi esposo empezó a presionar.

Me pidió papeles para trabajar,

su green card debía yo, tramitar.

Documentos listos dejé,

pero el destino no me dejó en pie.

Ya tenía los papeles listos para firmar,

pero de repente me enfermé de Covid al azar.

Otra vez enferma,

no lo podía creer.

Estaba tan mal,

que dure en cama más de un mes.

Aun no entendía lo que Dios me quería mostrar,

los papeles estaban listos, solo me faltaba firmar y enviar.

Pero hoy lo veo todo con total claridad,

me enfermé y no fue por casualidad.

"Cuando el Telón Cayó."

Cuando al fin pude mejorar,

algo en mi alma me comenzó a alertar.

Y en medio de la medianoche, mientras el dormía,

tome la decisión que su celular revisaría.

Entre mensajes ocultos halle,

palabras que jamás imaginé.

Mi alma tembló, mi pecho dolía,

y supe en silencio que todo era una mentira.

Cada noche, en silencio me volvía a alzar,

con el alma herida y sin poder descansar.

Tomaba tu celular con manos temblorosas,

y en pocos minutos, descubría mil cosas.

Descubrí, con dolor, tanto irrespeto hacia mi,

al descubrir que el hombre que amaba, nunca me amó a mi.

Fue un golpe tan fuerte, un grito callado,

que mi alma quedó herida y mi corazón destrozado.

Con muchas mujeres jugaba a amar,

mientras a mi lado fingía estar.

Fotos conmigo en su perfil de instagram,

pero su corazón lejos de mí en cada mirar.

Con su amigo planes malvados forgo,

un plan perfecto, una cruel traición,

Mientras yo fiel, soñando en verdad,

él buscaba a otra con quien acostar.

Pasé muchas noches sin descansar,

el alma rota y sin poder hablar.

Esperando el día, en que lo pueda desenmascarar,

y poderlo enfrentar.

Dos meses antes de llegar a este país,

ya el tenía un plan con frío y matiz:

una noche en trío, juego prohibido,

y en busca de mujeres, un destino torcido.

Descubrí en Instagram un mar sin fin,

casi dos mil mujeres, un engaño sutil.

En apps y mensajes buscabas otra unión,

como si mi amor fuera mera ilusión.

Recuerdo uno de los mensajes que descubrí de tantos,

que me de destrozo mi corazón, por tanto.

Le decías a la otra sin pena y sin medida,

que aun no encontrabas "a la mujer de tu vida."

Que deseabas que ella fuera tu esposa,

mientras conmigo fingías promesa hermosa.

Yo ya era tu prometida, y yo aquí,

esperándote, siéndote fiel, y esperándote a ti.

Fui a Portugal a visitarte, con todo mi amor sincero,

mientras te hacía la visa, creyendo que tu amor por mi era
verdadero.

Pensando en un futuro, en tu llegada aquí,

sin saber que mentías, tan lejos de mi.

Cada noche en la oscuridad, buscando la verdad,

revisaba tu celular, sumida en la ansiedad.

Las lágrimas caían en mi soledad,

mientras tú, frío, ignorabas mi realidad.

No dormía en las noches, la ansiedad me agotaba,

mi alma en pena, sangraba.

Y aunque el me veía llorar,

le importaba un pepino y le daba igual.

Enfrentamiento

Lo enfrenté con la verdad,

y aún así quiso negar.

Con pruebas en mano, sin vacilar,

dijo que todo era un simple jugar.

Decías que era broma, que olvidara el tema,

que debía callar.

Te enojabas, me gritabas, y luego te apartabas,

dejando mi alma rota, mientras tus mentiras volaban.

Tu indiferencia, me dejaba en desvelo,

sugerí sanar, intentarlo de nuevo.

Pero tu decías, con firme argumento,

que sin terapeuta bastaba tu intento.

Decías que el amor no requería concejo,

que sin psicólogos ni obispos, todo era parejo.

Que debía yo sentirme afortunada, sin razón,

pues entre tantas mujeres, fue yo la que el, eligió.

Hoy entiendo que no era privilegio,

ser la elegida en tu juego tan regio.

Porque el amor no es condición,

si no respeto y amor verdadero de corazón.

Una tarde de domingo, con firmeza en mi corazón,

decidí mirarte a los ojos, sin temor ni condición.

Te hable con voz serena pero cargada de dolor,

y te pedí que fueras honesto conmigo, mi amor.

Te ofrecí la oportunidad de hablar con claridad,

de contarme la verdad sin sombra, sin mitad.

Te dije: se sincero, no escondas tu interior,

pues merezco, transparencia, no mentiras, mi corazón.

Tu mirándome a los ojos, negaste con tranquilidad,

amor; no hay nada que ocultar, no tengo nada que confesar.

Yo con pruebas en la mano, no pudiste ocultar,

y al fin admitiste lo que querías negar.

Torciendo una historia, ocultando la traición,

hasta que por fin, la verdad venció.

El dolor para mi fue tan grande, tan cruel, tan profundo,

que quebró mi alma, mi ser !Y todo mi mundo!

Ese día lloré como nunca antes había llorado,

se me desgarro el alma, el dolor me habita atrapado.

Sentí como si me sacaran los órganos y sin anestesia,

un dolor tan grande que me llenaba de tristeza.

El Duelo

Ahí empezó el duelo, la cruda verdad,

aceptar que nuestra historia ya no iba mas.

No podía creer tu traición y que todo se acabara,

que mis sueños contigo, se desmoronaran.

Tanto amor te di, sin medida y con fervor,

te fui fiel y te ofrecí mi corazón.

Arrojaste mi amor al vacío mas frio,

no te importo mi dolor, solo te importabas a ti mismo.

Duele aceptar, con el alma dolida,

que nunca fue parte real de tu vida.

Porque si en verdad te hubiera importado,

no me hubieras hecho daño, ni mi corazón dañado.

Tu, que decías sentir amor sincero,

pero tus actos eras traicioneros.

Quien ama de verdad no causa dolor,

quien ama cuida, respeta y da' valor.

Porque si en verdad yo te hubiera importado,

jamas hubieras pensado, que no me harías daño.

Todo fue falso promesas sin razón,

una historia montada, una triste ilusión.

Todo este tiempo fui para ti un juego mas,

mientras fingías amor, con tu mascara audaz.

Le decías a tu amigo, con burla y sin piedad:

ella me ve sexy, ella no me va a dejar.

Y tu amigo te decía siendo frio,
"pobrecita le será difícil hallar otro tío."
Así tratabas mi entrega, mi fe, y mi dignidad,
como si amar de verdad fuera una debilidad.

Recuerdo el día en que el dolor me cubrió,
el día en que no pude mirarte mas a los ojos, mi amor.
El día en que, amándote te tuve que soltar,
y saber que todo tiene un final.

Te fuisteis de mi casa,
Y aun así, no podía dejarte sin techo.
Porque mi humanidad era mas grande,
que tu desprecio.

Te seguí amando en el silencio profundo,
mientras mis lagrimas caían sin rumbo.
Busque en oraciones, libros y razón,
sanar el infierno que dejo tu traición.

Le entregué todo a Dios con el alma en la voz,

le rogué de rodillas, llorando por los dos.

Si el no es para mi, sácalo de mi corazón,

porque este dolor me consume y esta acabando con mi ilusión.

Un año llorando y sin ningún consuelo,

sin poder dormir, rogando al cielo.

Mi alma dolía, vacía y desierta,

buscaba respuestas con el alma abierta.

Le pedí a Dios que sanara mi herida,

que arrancara este dolor que quebraba mi vida.

Fui a terapia, busque compresión,

mientras mi alma gritaba sin solución.

Tu no te imaginas la herida que me hicisteis,

ni el eco del llanto que tu no oíste.

Le pedí a Dios que arrancara tu voz,

que borrara tu sombra de mi corazón.

Tú querías volver, prometiendo cambiar,

y yo, en el fondo, te quería escuchar.

Pero cómo confiar en quien te traicionó,

en quien tu alma sin piedad destrozó?

Decías que el amor no debía mezclar,

lo nuestro por papeles por legalizar.

Pero al descubrir tu traición tan cruel,

no pude firmarte ni un solo papel.

Te traje aquí con una Visa de amor,

pero tu traición apagó mi ilusión.

No podía firmar lo que ya estaba roto,

mi alma gritaba, lloraba en lo más hondo.

Cada noche, luchando contra la ansiedad,

mis lágrimas me arrullaban en soledad.

Con esfuerzo, con oración, con terapia, con fe,

poco a poco mi alma se levantó de pie.

El Divorcio

El día que fui a la corte, mis ojos no paraban de llorar,

recordando sueños que vi derrumbar.

Pedí a Dios fuerza para sanar el dolor,

de esta triste historia de amor.

Cuando el divorcio fue final,

el papel en mi mano pesaba como la soledad.

Te llamé llorando, con tristeza en el alma,

para expresarte mi dolor porque todavía te amaba.

Me hubiera gustado que me hubieras conquistado de verdad,

con el corazón, con sinceridad.

No por el deber, ni por obligación,

si no porque me amabas de corazón.

Pero tú nunca peleaste por mí,

sólo luchaste por lo que querías allí.

Aunque digas lo contrario, tu actuar habló,

y todo lo que soñamos simplemente se derrumbó.

Me divorcie, y fue con mucho dolor,

no porque deje de amarte, sino porque me toco.

porque debía elegir a mi primero,

aunque el dolor me consumiera, tenia que hacerlo.

Lo hice por dignidad, por entender, al fin,

que antes de amar a alguien mas, primero tenia que amarme a mi,

y honrar a la mujer que soy

¡Por Fin!

Trámite Amargo

Dices que cambiaste,

que ya no eres el mismo de antes.

Que aprendiste del dolor,

y que si volvieras a elegir, me elegirías a mi, sin temor.

Dices que cambiaste, y yo te quiero creer,

pero tu frialdad no deja de doler.

Me pone triste, me parte en pedazos,

porque quería esconder mi corazón entre tus brazos?

Y tal vez, si viera tu cambio sincero,

volvería a confiar, aunque aún tuviera miedo.

Me llevabas a pasear entre risas fingidas,

me hablabas de amor, y de segundas vidas.

Dormías en casa de vez en cuando,

tocabas mi piel y yo seguía soñando.

Soñaba que tal vez habías cambiado,

que esta vez, tu amor, sí era sagrado.

Que no me buscabas por interés,

sino porque de verdad me amabas tal como es.

Pero el sueño duraba muy poco,

y de pronto volvías al mismo foco.

Me hablabas con tono herido,

y yo me rompía, con el pecho partido.

Decías que odiabas el trabajo que tenías,

que sin papeles no vivías, solo sobrevivías.

Me mirabas con los ojos llenos de rencor,

fríos, y sin una pizca de amor.

Decías que yo podía cambiar tu destino,

que si yo lo amaba, le abriría el camino.

Pero tus palabras no eran de ternura,

Solo un reclamo envuelto en amargura.

Y yo callaba, con el alma en duelo,

preguntándome si era amor, o solo anhelo.

Yo también tengo heridas, también he perdido,

también he confiado y estoy rota, con sentido.

Pero en ti no veo dolor por lo que fuimos los dos,

sino por no tener papeles, esa es tu mayor voz.

Y yo te entiendo, sé que no es fácil tu situación,

vivir en un país sin documentos, sin dirección.

Sé que necesitas trabajar, avanzar, construir,

pero también yo necesito confiar, para seguir.

No es solo firmar por firmar un papel,

es sentir que me amas de forma fiel.

No puedo entregarte lo que aún no siento claro,

si tu amor depende de un trámite amargo.

No soy mala, ni egoísta, ni dura,

pero el amor no es una firma con tinta y sin ternura.

No es un papel lo que hace la verdadera union,

es el alma, la entrega y el corazón.

Yo te ofrecí irme contigo, dejar mi país,

pero no quisiste, preferiste quedarte aquí.

Te fuiste molesto, con rabia y sin beso,

diciéndome que hasta aquí llego nuestro intento.

Te marchasteis sin mirar atrás, sin compasión,

y yo quede sola con el alma en desolación.

Preguntándome si alguna vez fue amada,

o simplemente usada y no lo aceptaba.

El dolor no se quita, y oro a Dios todos los días,

entre lágrimas que no cesan y con las horas vacías.

Le pregunto al cielo por qué continuo sintiendo,

por qué tengo que amarte y seguir sufriendo?

Por qué el hombre que yo amo, no me ama igual?

como yo lo deseo, con amor de verdad.

Tal vez, si yo hubiera sentido tu amor verdadero,

ya tendrías tus documentos, sin tu pedírmelos primero.

Cómo quisiera que un día, sin miedo ni plan,

me dijera: "mi amor, estemos juntos, no importa el lugar.

Lo que importa eres tú, no los papeles, ni el país,

vámonos donde sea, contigo yo soy feliz."

Y me duele, me rompe, me deja sin calma,

porque esta tristeza no vive en la piel, vive en mi alma.

Dices que cambiaste, y donde estas?

prometiste un futuro, prometiste luchar,

pero tus actos no supieron amar.

Hoy solo quedan las huellas y la esperanza rota,

el amor fue un espejismo, en medio de una realidad que agota.

Y aunque me duela mi alma, por todo lo que te di,

entendí que amar, también es dejar ir.

"Y Aun Rota, Me Levanto"

Lloré más noches de las que puedo contar,
grité sin voz, sin nadie a quien importar.
Amé con el alma, sin medida ni escudo,
y me rompisteis el alma, te lo juró.

Me rompí hasta lo más profundo,
me quedé en silencio, sola con mi dolor.
Mirando sus pasos marcharse sin compasión,
y yo muriéndome de amor.

Quise creer que cambiaría, que lucharía por los dos,

pero solo luché yo, y de corazón.

Fui la mujer que propuso un futuro,

que dejó todo por un amor oscuro.

Él pensó con la cabeza, yo viví con el corazón,

y en esa distancia, me perdí yo.

Pero hoy recojo mis restos con dignidad,

no porque no duela, sino por necesidad.

Porque si yo no me abrazo, ¿quién lo hará?

si no me salvo, ¿quién me salvará?

Y sí, lloré, y sí, aún duele profundo,

pero ya no lo espero, ya no es mi mundo.

Aunque mi alma este rota, me abrazo con calma,

porque elegirme a mi, sana mi alma.

Me elijo sin miedo, porque por fin entendí,

que todo empieza por mi.

No Fui Su Error, Fui su Milagro

Lloré en silencio por tanto tiempo,

con el alma rota y el pecho ardiendo.

Le di mi fe, mi amor, mi abrigo,

y él solo pensó en lo que le convenía conmigo.

Me pidió pensar con la razón, no con el corazón,

sin importarle mi dolor.

Quería estar legal, aquí el también,

y yo pensando en un amor verdadero y fiel.

Él sabe el dolor que me ha dejado,

la depresión profunda, la luz que me ha robado.

Mi alma grita en silencio, llora escondida,

rogando al cielo sanar esta herida.

Le pregunté bajito: "¿De verdad me amas?"

Y sin vacilar, con palabras planas.

Me dijo que si, como pajita al viento,

pero en sus ojos, no había sentimiento.

Estaba molesto, y yo lo sentía,

porque no lo ayudaba con lo que él, quería.

No hablaba de amor, ni de nuestro destino,

solo pensaba en quedarse en su camino.

Entonces le dije con esperanza,

"Si tú me amas,

ahorramos juntos, vámonos de aquí,

yo dejo mi casa, mi gente, por ti."

"Empezamos de cero, tú y yo de la mano,

en otro país.

Pero él se quedó callado, sin alma, sin voz,

como si mi entrega no tuviera valor.

Y cuando le dije: "Eso no es amor,"

me gritó con rabia, con seco temblor:

¡Hasta aquí llegó todo!

y se fue, sin mirar atrás.

Hoy, aunque duela, me abrazo fuerte,

porque merezco verdadero amor, no esta suerte.

No fui su error, fui su regalo,

y ahora soy yo quien me levanto.

Si alguna vez flaqueo o dudo en mi camino,

leeré estas líneas, son mi destino:

"Fui un milagro, no un olvido,

ahora yo soy mi propio abrigo."

Cortar el Cordón Umbilical

Trato de olvidarte, lo intento,

a veces siento que lo logro.

Pero vuelves, como el viento,

el recuerdo que no nombro.

Creí en tus gestos, tus acciones,

pero al fin vi con claridad:

No fue amor, fueron razones,

fue necesidad, no verdad.

Y yo sólo te pedía amor,
que me amaras sin medida.
Que dijeras: "contigo, mi amor,
en cualquier tierra, toda mi vida."

En la noche, tu nombre regresa,
en la mañana, sigue el dolor.
En la tarde mi alma tropieza
con el eco de aquel amor.

Y aunque intento distraerme,
tu imagen me sigue fiel.
Tu voz vuelve a dolerme,
como espina bajo mi piel.

Una parte de mí se ha ido,
desde que no estás conmigo.
Quedó tu sombra en mi piel,
y en mi pecho un lazo fiel.

Aunque intento no pensarte,

hay momentos que al mirarte,

todo mi ser se hace pedazos,

como un árbol sin sus brazos.

Le pregunto a Dios, ¿por qué?,

¿por qué amé lo que no era mío?

¿Acaso era prueba de fe,

o castigo en este vacío?

Ruego al cielo que me lo arranque,

que corte este lazo de mi alma.

Este amor que aún me estanca,

que esta robando mi calma.

Y cada noche en oración,

con lágrimas y compasión.

Le pido a Dios con todo el alma,

que me devuelva ya la calma.

Que corte el hilo invisible y cruel,

que nos enlaza piel con piel.

Para no sentir más este ardor,

ni más amor, ni más dolor.

Que cuando un día te vuelva a ver,

no sienta amor, ni placer.

Y pueda, libre, sonreír,

y con amor, dejarte ir.

No más angustia, ni tristeza,

sólo silencio y redención.

Que ya no ardas dentro de mí,

que seas sombra en mi corazón.

Deseo paz, no más tormenta,

una vida que no te sienta.

Que ya no seas mi prisión,

que sea libre de tus recuerdos, mi amor.

Y así, en la noche celestial,

te entrego al fin al bien total.

Que Dios me escuche al suplicar:

"Corta el cordón umbilical."

En el Silencio De Mi Corazón

En el silencio de mi corazón, recuerdo los sueños compartidos,

un amor tan profundo, tan puro, tan querido.

Pero ahora todo yace roto y destrozado,

por tus mentiras y por tu amor de palabras disfrazado.

Te entregué mi corazón, mi lealtad y mis sueños,

con la esperanza de un destino que uniría nuestros anhelos.

Soñé con un futuro, contigo a mi lado,

pero en tu juego cruel, mi amor fue ignorado.

Llevabas la máscara del amor con destreza,

un hechizo fugaz, vacío de nobleza.

Pero en la soledad, mostraste quién eras,

jugando con mi amor, sin importarte que yo sufriera!

"Corazón que no ve, corazón que no siente,"

tu frase favorita, fría e imprudente.

Mientras actuabas como un hombre soltero,

yo aquí, siendo leal, te esperaba con anhelo,

soñando con un futuro bajo el mismo cielo.

Luché por traerte a esta tierra lejana,

con amor y esperanza que nunca se desgana.

Hice tus papeles con ilusión y devoción,

creyendo que tu amor era mi única misión.

Me case contigo en dos tierras diferentes, me case por amor y fe ardiente,

creyendo que tu corazón latía igual que el mío y

me vine a dar cuenta, que no me amabas y que tu nunca fuiste mío.

Pero tus mentiras destruyeron mi universo,

dejando un vacío profundo. ¿Por qué fuiste tan perverso?

Te amé más de lo que las palabras pueden explicar,

pero tus traiciones me hicieron mi corazón colapsar.

La noche en que te enfrente por descubrir tu traición,

admitiste la verdad y se rompió mi corazón,

Llore como nunca antes había llorado en mi vida,

por un dolor tan profundo quedé con mi alma destruida.

Los sueños que construimos quedaron polvo y viento,

Y mi corazón quedó roto en el tormento.

Aun así, me levanto con fuerza desconocida,

peleando entre el amor y la lucha por continuar adelante con mi vida.

Las cicatrices permanecen, pero sigo adelante,

aunque el dolor me consuma, no seré derrotada.

Se que Dios sanara mi corazón,

le pido a Dios cada noche, entre lágrimas y fe,

que me guíe, que me dé fuerza para no derrotarme y poder vencer,

Esta tristeza tan enorme que me sigue como sombra,

ya estoy cansada de tenerla, por favor Dios quita esta carga que me agobia.

Encontraré mi camino, aunque sea duro,

porque el amor verdadero es sincero y puro.

Y aunque aún te amo, se que es difícil dejarte ir,

pero tengo que primero amarme a mi.

Dios sanará mi corazón roto con su amor,

el me dará consuelo y calmará mi dolor.

Mi fe en su gracia restaurará mi alma,

encontraré la paz, la fuerza y la calma.

Es triste recordar todo lo que soñé,

una vida contigo, que jamás encontré.

Pero confío en Dios en su amor infinito,

y sé que mi vida hallará su propósito bendito.

Para Ti

Para ti, mujer que amaste de verdad,

a ti, que lloraste en profunda soledad,

a ti, que diste más de lo que recibiste,

este libro es mi suspiro que nunca dijiste.

Es mi despedida al dolor que abracé,

mi abrazo a la mujer que un día callé.

Es promesa viva a quien hoy estoy siendo,

más sabia, más fuerte, aún me estoy tejiendo.

No fue debilidad haber amado tanto,
fue coraje puro envuelto en llanto.
No fue locura soñar con un "nosotros",
fue fe' en un amor que no llegó a ser de ambos.

No fue un error confiar y esperar,
fue amor verdadero, sin calcular.
Hoy me abrazo con todo mi ser,
hoy me elijo sin miedo a perder.

Y si tú, al leerme, también estás sanando,
te dejo mis letras: te estoy acompañando.
No mendigues lo que ya mereces en grande,
tu mereces amor, sincero y vibrante.

Tú no fuiste error, fuiste un milagro sincero,
que alguien soltó, sin saber tu sendero.
Pero tú puedes, tú sí lo verás,
desde tus ruinas, un jardín crecerá.

Gracias, Dios, por darme valor,

por transformar el dolor en flor.

Gracias por sanar mis heridas y miedo,

por guiar mis pasos con amor verdadero.

La vida no acaba, tan solo enseña,

y esta lección ya no me encadena.

Hoy camino en paz, ya no con quebranto:

más fuerte, más libre y aún amando.

Portugal de Mi Alma

Portugal, tierra de sueños y de sol,
qué hermosos recuerdos guardo en mi corazón.
Tus calles antiguas, tus casas de ayer,
eran un mundo nuevo que me enseñó a creer.

Primera vez en Europa, primer suspiro de amor,
y fuiste tú, Portugal, quien me abrió el corazón.
Me alegro de haberte encontrado en mi andar,
de haber escrito mi historia en tu inmenso mar.

Gracias por acogerme con tu dulce cantar,

por las risas, los paseos, el arte en tu mirar.

Por tu mar de esperanza, por tus castillos de luz,

por tus días de magia y tu cielo tan azul.

Setúbal, tu castillo besando el mar,

La Troya, con playas que no puedo olvidar.

Nazaré, tu mar y tus olas sin fin,

Costa de Caparica, donde mi historia comenzó.

Lisboa, con tu música y tu color,

Sintra, con castillos que despiertan amor.

Cascáis, pequeño paraíso junto al mar,

un lugar que en mi alma quisiera habitar.

Nunca olvidaré tus sabores de hogar:

el choco frito, el pastel de camarón.

El bacalao que abraza el corazón,

el capuchino y la sangría no podía faltar.

Portugal, siempre vivirás en mi ser,
por tu magia, por tu risa y tu amanecer.
Nunca te olvidaré, dulce tierra de amor,
mi querido Portugal, mi eterno soñador.

Barcelona

Barcelona, mi segundo rincón por descubrir,

ciudad hermosa y encantada que me hizo sonreír.

Con sus calles vivas, tan fácil de amar,

nunca las podría olvidar.

Tus calles angostas, tus plazas tan llenas,

la gente bailando, sin pena ni penas.

Salsa en el aire, alegría sin fin,

mi corazón danzaba al mismo compás, sin fin.

Picasso, mi musa,

mi arte más vivo,

entré a su museo con ansias y honor,

y vi sus comienzos con tanto fervor.

Sus trazos, sus sueños, su mundo interior,

me dieron motivo, me dieron color.

Aunque ya no esté, su arte es canción,

y en mí deja huella, pura inspiración.

Tu gente, tan cálida, alegre al andar,

tus platos, la paella, la carne al asar.

Tus calles hermosas, la iglesia sin par,

parece una obra para contemplar.

Días caminando, sin prisa, sin miedo,

viví un momento tan puro, tan bello.

Mi bella Barcelona, si Dios lo permite,

volveré a tus brazos donde el alma se invite.

Roma

Roma, qué ciudad tan llena de pasión,

arte en sus calles, historia en cada rincón.

Tu comida, un festín celestial,

todo en ti, Italia, es algo especial.

Recuerdo el Coliseo impotente,

una obra de arte, testigo inmortal.

Las ruinas susurraban cuentos del ayer,

con voces que mi alma podía entender.

La ciudad del Vaticano nos abrió su corazón,

su luz, su historia, su gran devoción.

La Capilla Sixtina, hermosa visión,

la obra de Miguel Angel, pura perfección.

Una obra de arte pintada en el techo,

ángeles, profetas y un divino anhelo.

Fueron instantes de asombro total,

me dejaron si aliento, un gozo celestial.

Cuando vi la famosa Fuente de Trevi,

no podía creer.

Viendo con mis propios ojos, su esplendor,

una obra de arte que inspira amor.

Nos tomamos fotos, risas al instante,

frente a la fuente, tan hermosa, tan vibrante.

El agua danzaba con mágico esplendor,

mientras mi corazón latía de emoción y amor.

Arroje una moneda, pedí un deseo al viento,

cerré los ojos y guarde un momento.

Fue una experiencia única que marco mi andar,

como si un destino me quisiera abrazar.

Soñar con Roma, y poder estar ahí,

fue un sueno hecho realidad para mi.

Le doy gracias a Dios por esa oportunidad,

De vivir lo sonado, fue felicidad.

El Panteón, majestuoso en su ser,

y la Fontana di Trevi, difícil de no ver.

Caminamos por calles llenas de color,

con sabor a historia, con aroma de amor.

La pasta sin gluten, perfecta al paladar,

el gelato más rico que yo pude probar.

Sabores que aún en mi alma están,

como besos dulces que no se van.

Italia, contigo viví la emoción,

aventuras, paseos y gran conexión.

Te guardo en mi alma como un poema fiel,

una obra de arte de admirar de miel.

Liverpool

Liverpool de mi corazón,
recuerdo aquel viaje, la primera vez,
que viajaba a Liverpool, no lo podía creer.

Calles de historia, de música y sol,
Liverpool me abrió su mágico rol.
Ver a mi hermana tras tantos años sin verla,
sentir su abrazo, y poder pasar tiempo con ella.

Conocer a mis sobrinos, reír,

ver sus sonrisas, dejarme ir.

Sus voces, sus juegos, su singular ser,

su dulce personalidad, los amo mis bebes.

Cada momento quedó en mi piel,

como una pintura viva y fiel.

Caminamos juntos por calles antiguas,

donde los Beatles dejaron sus huellas vivas.

El la Caverna del Bar, ¡qué emoción sentí!,

con cada foto reviví la historia.

Y allí, en el río, dejé el candado,

símbolo de amor entre tu y yo que sellamos.

Las llaves las lance al mar,

sellando nuestro amor hasta el final.

Liverpool, ciudad de maravilla,

eres poema, canción y semilla.

Gracias por darme tanto en tan poco tiempo,

mi corazón te guarda como un tesoro de buenos recuerdos.

Y si Dios quiere, volveré a tu andar,

a reencontrarme, a recordar.

Porque tú, Liverpool, fuiste un hogar donde mi alma aprendió a volar.

Switzerland

En tierras de nieve, montañas y encanto,

vivimos un viaje que aún hoy resalto.

Perdimos el vuelo, cambiamos la ruta,

con prisa en el alma y fe absoluta.

Tomamos un tren, sin rumbo ni guía,

pensando que era la mejor travesía.

Primera clase, sin saber siquiera,

que el lujo nos daba la primavera.

Mas pronto notamos que era el tren equivocado,

íbamos lejos, en rumbo cruzado.

Pedimos ayuda, pero nadie accedía,

solo miradas que el alma enfriaban ese día.

Entonces un ángel, sin voz ni sonido,

una mujer muda, de gesto encendido,

bajó del vagón, nos miró con afecto,

y con solo señas nos guió al tren correcto.

Reímos después, sacados del asiento,

pero era liviano aquel contratiempo.

Porque entre errores y vueltas del día,

Suiza nos daba su poesía.

Aún recuerdo el celular olvidado,

en un restaurante de paso apurado.

Ya en el aeropuerto, el alma en el aire,

corrí por mi móvil, sin miedo ni desaire.

Te dejé esperando con fe y paciencia,

corrí al tren otra vez, con diligencia.

Gracias a Dios, retrasaron el avión,

y alcancé mi vuelo tras la inmigración.

Contigo reí, soñé y caminé,

momentos tan puros que no olvidaré.

Suiza, tu belleza aún vive en mi ser,

si Dios me lo otorga te volveré a ver.

Tantas aventuras que juntos vivimos,

Nunca las olvidare, mi gran amor.

Gracias por todo, por cada momento,

por ser mi compañero en cada intento.

Grecia de Mis Sueños

Grecia, ¡wow!, aún no lo puedo creer,
pisé tus tierras y empecé a renacer.
Atenas me abrió su mágico portal,
con ruinas que cuentan un viaje ancestral.

Vi tus sierras, tu historia, tu esplendor,
y en mi alma brotó un profundo amor.
Caminé tus calles con el corazón latiendo,
y a Dios agradecí por lo que estaba viendo.

Tus templos, tu arte, tu cielo en canción,

eran más que un sueño, pura bendición.

La música, el baile, el vino, el sabor,

todo en Grecia se vive con pasión y color.

Y Santorini… ¡oh Santorini azul!,

fue como entrar en un lienzo sutil.

Me pellizqué ¿será realidad?

ese paraíso es real.

Frente a la caldera nos vimos los dos,

haciendo el amor bajo la luz de Dios.

Con la puerta abierta, el mar como testigo,

nos sentimos eternos, alma y abrigo.

Las calles de Oia, el hermoso atardecer,

todo en Santorini me hizo entender.

Que hay lugares que roban el aliento,

y se quedan por siempre en el pensamiento.

Fuimos al show donde Grecia bailó,

"¡Opa!" gritaban, el alma vibró.

Y luego el volcán… fuego bajo mis pies,

pisamos la historia, sin mirar al revés.

Y yo, sin saber nadar, me lancé al mar,

desde un barco pirata, sin saber nadar.

A las aguas calientes fui sin temor,

fue un acto de fe, de vida y de amor.

Gracias, mi Dios, por este regalo,

por cada emoción, por cada intervalo.

Grecia adorada, mi alma te vio,

y en Santorini mi corazón se quedó.

Bajo la Lluvia, en mi Rincón Sagrado

Después del tormento, del llanto callado,

de amar y perder y estar desgastada.

De la tristeza y llanto,

tras noches oscuras y sueños sin vida.

Hoy en mi patio, me siento en mi silla,

sin prisa, sin peso, sin vieja rencilla.

Y justo al sentarme la lluvia calló,

y allí, entre las gotas, sentí paz en mi interior.

Observaba el árbol danzando por el viento,

y esa paz que yo sentía adentro.

Me di cuenta que vivir el momento,

Es hermoso, es un templo.

Miraba mi casa, mi árbol, mi castillo,

y todo en silencio tenia sentido.

Fuera del dolor la fe, me encontraba,

y mi alma por fin, de nuevo cantaba.

Gracias Dios por tantas bendiciones,

mi vida, mi salud, mi familia y mis canciones.

Por cada momento que me da calma,

por todo lo bueno que me sana el alma.

Y aunque estoy sola, no hay soledad,

pues siento en el viento tu eternidad.

Tu vives conmigo, no me has dejado,

me sigues amando, me has levantado.

Sé que me miras, que estás a mi lado,

aunque no haya nadie, no me has dejado.

Sé que mi vida no es obra al azar,

tú tienes un plan que empieza a brillar.

Ya siento tus manos obrando en mi ser,

ya empieza lo grande, lo puedo creer.

Gracias Dios por no soltar mi mano,

por este proceso tan sobrehumano.

Por cada caída, por cada lección,

nació una enseñanza, hubo transformación.

Mi guía, mi roca, mi eterno Dios,

tu eres mi fuerza, amparo y gran redentor.

Para Mí, con Amor

Este libro es para mí, con amor verdadero,
por todo lo vivido, por todo lo que espero.
Por no rendirme cuando dolía,
por buscar la luz en plena noche fría.

Por aprender que soy suficiente,
hermosa, fuerte, libre, valiente.
No merezco migajas, merezco el sol,
un amor que abrace mi alma y mi amor.

Dios me hizo con arte, sin error ni medida,

soy su hija amada, soy toda vida.

Me amo hoy más que nunca lo hice antes,

y por cada lágrima, ahora soy raíz y arte.

A ti, mi hija, mi eterno querer,

gracias por ser mi razón de crecer.

Y a mis nietos, pedazos del cielo,

los llevo en el alma, con todo mi anhelo.

Y si tú, mujer, con el alma herida,

lees estos versos buscando salida,

que encuentres en ellos fuerza y calor,

un canto de vida, de fe y de amor.

Biografía

Nací y crecí en Ibagué, Tolima, Colombia. Desde muy temprana edad, la escritura, la pintura y la declamación de poesía se convirtieron en mi refugio. El arte ha sido, y sigue siendo, la forma más sincera de dar voz a lo que habita en mi alma.

Me especialicé en Bellas Artes, enfocándome en el arte abstracto, un lenguaje que me ha permitido explorar las profundidades de mis emociones y experiencias interiores.

Desde hace veinte años resido en Pensilvania, donde, entre pinceles y palabras, he cultivado una voz artística que entrelaza el color con el alma. En la creación he encontrado un camino de sanación, auto descubrimiento y transformación.

Mi primer libro, Pintando mi vida: Cómo el vitiligo impactó mi historia, es una obra íntima que narra mi historia viviendo con vitiligo desde los cuatro anos de edad. Es una libro de auto aceptación y amor propio.

Hoy, con El actor: Cuando el telón cayó, es mi historia real de amor hecho poema. Es el retrato emocional de lo que ocurre cuando uno entrega lo mejor de sí a otra persona, y a cambio, el corazón queda roto.

Este libro nació del alma herida, pero también de la fuerza que florece en medio del dolor, del amor propio que renace después de la pérdida y de la esperanza que se escribe, incluso cuando todo parece haberse apagado.

Cada verso es una huella de lo que viví, un eco de mi alma, una confesión suspendida entre la lucha con el dolor y la necesidad de seguir adelante. La vida no se detiene, y yo camino con ella: aprendiendo, transformando cada herida en luz y renaciendo con cada palabra.

Mi arte y mi escritura son ríos que brotan desde lo más profundo: buscan tocar al otro, cruzar la piel, abrazar lo invisible. Cada pintura que realizo y cada palabra que escribo nacen de mi corazón, como recordatorio de que aun en medio de la caída, también puede nacer la luz.

www.ingramcontent.com/pod-product-compliance
Lightning Source LLC
Chambersburg PA
CBHW072158090426
42740CB00012B/2311